Sternenschweif

Adventskalender

Der Mutmach-Zauber

von Linda Chapman
erzählt von Carola von Kessel

mit Illustrationen von
Anna-Lena Kühler

KOSMOS

Willkommen in deinem Adventskalender!

Gleich geht es los, dein magisches Abenteuer mit Sternenschweif und Laura. Sternenschweif ist Lauras süßes graues Pony. In der Nacht oder wenn niemand sie sehen kann, sagt Laura einen geheimen Zauberspruch auf und schon verwandelt er sich in ein schneeweißes Einhorn. Aber pssst, niemand darf davon erfahren!

Als Einhorn hat Sternenschweif magische Kräfte. Er kann fliegen, sprechen, Wunden heilen und vieles mehr. Und das werden Laura und Sternenschweif in diesem Winter voller Überraschungen auch brauchen!

Am wichtigsten ist es für Laura und Sternenschweif aber, einfach nur zusammen zu sein, schließlich sind sie die allerbesten Freunde. Dann unterhalten sie sich oder sie reiten aus oder fliegen gemeinsam durch den Sternenhimmel und helfen Menschen und Tieren in Not.

Flieg doch einfach mit! Dafür öffnest du jeden Tag die verschlossenen Buchseiten. Am besten benutzt du ein Lineal oder ein Messer, damit das Buch nicht kaputtgeht. Auf den wunderschönen Bildern siehst du, was Laura und Sternenschweif gerade erleben.

Und damit die Zeit bis zur nächsten verschlossenen Seite etwas schneller vergeht, gibt es jeden Tag am Ende eine ganz besondere Seite. Hier findest du spannende Ideen zum Malen, Basteln, Rätseln oder Naschen. So wird deine Adventszeit kreativ, magisch und einfach wunderschön!

Fröhliche Weihnachten!

1

„Fertig!“, sagte Laura Foster und stieg von der Leiter. Zufrieden blickte sie auf die Lichterkette, die jetzt ihr Haus schmückte.
Ihr jüngerer Bruder Max trat aufgeregt von einem Fuß auf den anderen. „Darf ich die Beleuchtung anschalten?“, fragte er.
Herr Foster warf Laura einen fragenden Blick zu. Als sie nickte, gab er Max die Fernbedienung.
Max drückte auf eine Taste. Schon funkelten hunderte goldener Lämpchen auf.
„Schöööön!“, fand Laura. Mit der Lichterkette sah ihr Bauernhaus noch viel gemütlicher aus als sonst!
Nanu, plötzlich änderten sich die Farben! Erst strahlten die Lampen rot, dann gelb und blau.
„Schaut mal!“ Max drückte begeistert auf die Tasten. „Man kann die Farben verstellen!“ Die Lampen flackerten immer schneller.
Jetzt drang vom Ponystall ein lautes Poltern herüber. Lauras Pony Sternenschweif klopfte mit dem Huf gegen die Boxentür.

„Ich glaube, das Geflacker stört Sternenschweif“, meinte Laura besorgt.
„Ach Quatsch“, widersprach Max. „Bei der Aufführung in der Stadthalle treten die Pferde doch auch mit Disco-Licht auf.“
„Stimmt, aber Showpferde sind an solche Beleuchtung gewöhnt“, meinte Herr Foster.
„Ist ja schon gut.“ Max schaltete wieder auf goldgelbes Licht um.
„Danke, Max!“ Herr Foster lächelte ihn an. „Freut ihr euch auch so auf die Aufführung?“
„Und wie!“, rief Laura. „Schwarze Friesenpferde und weiße Andalusier, das wird einfach toll!“
„Und dazu Disco-Licht“, ergänzte Max grinsend.
„Hoffentlich gibt's dort auch eine ordentliche Heizung“, meinte Herr Foster und rieb sich die Hände. „Kommt, wir wärmen uns drinnen auf!“
Aber Laura wollte lieber zu Sternenschweif. „Ist es okay, wenn ich noch eine Runde ausreite?“
Ihr Vater nickte. „Aber schnell, es wird bald dunkel.“

Kurz darauf ritt Laura mit Sternenschweif durch den frostigen Winterwald. Die Bäume und Sträucher waren von einer klirrenden Eisschicht überzogen. Es war bitterkalt und der gefrorene Schnee knirschte unter Sternenschweifs Hufen.
Laura vergrub die Hände in seinem weichen, grauen Fell. Seine Mähne wippte vor ihr auf und ab und die Ohren ragten wie zwei flauschige Büschel in die Höhe.
„Warum hast du denn vorhin so laut mit den Hufen geklopft?“, fragte Laura. „War es wirklich wegen der Lichter?“
Sternenschweif bewegte den Kopf auf und ab.
„Oh Mann!“ Laura musste über sich selbst lachen. „Entschuldige bitte, du kannst ja gerade gar nicht sprechen! Aber ich habe mir gleich gedacht, dass dir das goldene Licht am besten gefällt.“
Ihr Pony schnaubte fröhlich. Für Laura war es ganz normal, mit Sternenschweif zu sprechen. Oft konnte er ihr auch antworten – aber nicht immer! Laura und Sternenschweif hatten nämlich ein wunderbares

Geheimnis: Mit einem Zauberspruch konnte Laura ihn in ein traumhaft schönes Einhorn verwandeln. Dabei änderte sich nicht nur sein Aussehen. Als Einhorn konnte Sternenschweif auch sprechen, fliegen und viele weitere Wunder vollbringen.
Doch all das musste streng geheim bleiben. Von Sternenschweifs wahrem Wesen durften nur Menschen wissen, die selbst ein Einhorn hatten. Deshalb verwandelte Laura ihn fast nur nachts, wenn ihre Eltern und Geschwister schliefen und niemand sie sah.

Jetzt erreichten sie den Waldrand. Feuchtkalte Luft schlug ihnen entgegen und über der Landschaft hing dichter Nebel. Am Rand einer kleinen Straße blieb Sternenschweif plötzlich stehen.
„Was ist denn los?“ Laura schnalzte mit der Zunge und trieb ihn mit den Waden an.
Doch Sternenschweif schüttelte nur den Kopf und scharrte mit dem Vorderhuf. Dabei stoben kleine Eissplitter auf.

Kabel-Wirrwarr

Oje, die Kabel haben sich verheddert! Welches Ende gehört zu Lauras Lichterkette?

2

„Moment mal!“ Laura stieg aus dem Sattel. Vorsichtig streckte sie einen Fuß nach vorn und prüfte den Boden. Oje, die ganze Straße war von einer hauchdünnen, spiegelglatten Eisschicht bedeckt!

„Deshalb bist du also stehen geblieben!“ Laura schlang die Arme um Sternenschweifs Hals. „Danke, dass du immer so gut aufpasst!“

Er sah sie fragend an.

Laura überlegte. Es war viel zu gefährlich, die glatte Straße zu betreten. „Ich führe dich erst mal am Straßenrand entlang“, beschloss sie.

Auf einer kleinen Anhöhe hatte der Wind so viel Schnee auf die Fahrbahn gepustet, dass es hier nicht glatt war. Vorsichtig überquerten sie die Straße.

„Geschafft!“ Laura kraulte ihr Pony erleichtert am Hals.

Vor ihnen lag ein weiß überzuckerter Waldweg.

Nachdem sie den Boden getestet hatte, schwang Laura sich wieder in den Sattel. Hier war es nicht rutschig.

Jetzt aber schnell nach Hause! Sie mussten ja vor Einbruch der Dunkelheit zurück sein.
Sternenschweif fiel in einen flotten Trab. Kleine Atemwölkchen stiegen aus seinen Nüstern auf. Laura merkte, wie aufmerksam er auf den Boden achtete.
„Du bist einfach der Beste“, sagte sie und wippte im Sattel auf und ab. Für sie gab es nichts Schöneres, als mit ihrem heißgeliebten Pony auszureiten. Bei jedem Wetter!
Aber was war das? Aus der Ferne hallte das Tatütata der Rettungskräfte über das Land. Ein blauer Lichtschein zuckte durch den Nebel, als auf der nahen Landstraße einige Einsatzfahrzeuge vorbeifuhren.
Laura schauderte, während sie nach Hause ritt.
Hoffentlich war nichts Schlimmes passiert!

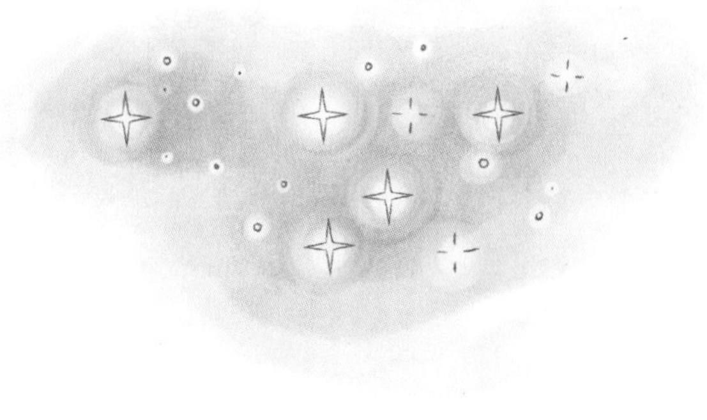

„Laura? Da bin ich ja froh, dass du heil zurück bist!" Auf dem Hof eilte ihr Herr Foster entgegen. „Ich muss noch mal mit dem Traktor los! Vorn an der Landstraße ist ein Lastwagen von der Fahrbahn gerutscht. Für die Bergung werden noch Helfer gebraucht."

„Viel Glück!", rief Laura ihm nach und führte Sternenschweif in seine Box. Nach der klirrenden Kälte draußen kam es ihr hier im Stall richtig gemütlich vor.

Während sie ihr Pony absattelte, waren in der Ferne wieder Sirenen zu hören. Sternenschweif spitzte die Ohren und lauschte.

„Jetzt wissen wir also, was vorhin an der Landstraße passiert ist", sagte Laura leise zu ihm. „Hoffentlich ist niemand verletzt worden."

Sternenschweif warf den Kopf hoch und stampfte mit dem Huf auf.

Sie verstand sofort, was er meinte. „Mir geht's genauso wie dir", flüsterte Laura. „Am liebsten würde ich nachschauen, ob jemand unsere Hilfe braucht."

Die Einhörner und ihre Einhornfreunde hatten nämlich eine wichtige Aufgabe: Gemeinsam halfen sie Menschen und Tieren in Not. Laura und Sternenschweif hatten schon viel Gutes getan. Aber natürlich konnten sie jetzt nicht zur Landstraße fliegen. Sternenschweif durfte sich ja nicht als Einhorn zeigen.

„Bestimmt haben die Rettungskräfte die Lage im Griff", sagte Laura halblaut. „Und jetzt bist erst mal du dran!" Sie kratzte Sternenschweifs Hufe aus und bürstete sein Fell.

Dann holte sie einen Heuballen und schüttelte die duftenden Halme vor Sternenschweif auf. Bald hörte sie das gleichmäßige Mahlen seiner Zähne. Es schien ihm zu schmecken.

„Bis später, mein Süßer!", sagte Laura liebevoll.

Als sie zum Haus hinüberlief, schimmerten die Lämpchen der Lichterkette wie kleine Sterne durch den Nebel. Laura grinste. Gut, dass Max sich mit der Disco-Beleuchtung nicht durchgesetzt hatte!

Handwärmer mit Reis

Du brauchst:

* alte Baumwollsocke
* leere Klopapierrolle
* 100 g Reis
* Mikrowellengerät

1. Fülle mithilfe der Klopapierrolle die Reiskörner in die Socke.
2. Knote die Socke fest zu.
3. Lege den Handwärmer bei 500 Watt für etwa 30 Sekunden in die Mikrowelle. Er bleibt für etwa 30 Minuten warm und kann immer wieder aufgewärmt werden.

3

Im Haus schlug Laura eine gemütliche Wärme entgegen.
„Hallo, Laura!“, rief ihre Mutter aus der Küche.
„Möchtest du eine Tasse Tee?“
„Ja, gern!“ Dankbar nahm Laura den Becher entgegen und setzte sich damit auf die Küchenbank. Auf dem Boden spielte ihre kleine Schwester Sophie mit einem Feuerwehrauto. Die Hunde Buddy und Walter dösten in der Ecke.
„Bist du Papa begegnet?“, fragte Frau Foster.
Laura streichelte Buddys Kopf. „Ja, er hat mir von dem Unfall erzählt. Hoffentlich passt er gut auf.“
„Er fährt ganz bestimmt vorsichtig.“ Ihre Mutter lächelte sie an.
Mit leisem Winseln lief der Berner Sennenhund Buddy zur Tür.
„War Max noch nicht mit den Hunden draußen?“, erkundigte sich Laura.
„Ich habe ihn gebeten, auf dich zu warten“, erklärte Frau Foster. „Wenn es so glatt ist, geht ihr besser zu zweit.“

Laura nickte und stellte die leere Tasse neben die Spüle. „Gleich können wir los“, sagte sie zu Buddy. „Ich hole nur noch Max.“

Buddy bellte freudig. Jetzt rappelte sich auch Lauras Terrier Walter auf. Er war schon älter und streckte sich erst einmal ausgiebig, bevor er ihr folgte.

Als Max kurz darauf die Haustür öffnete, fuhr ihnen ein kalter Wind entgegen.

„Brrr, ist das eisig!“ Laura schloss ihre Jacke bis zum Kinn und schlug den Kragen hoch.

Das kalte Nebelwetter schien auch Buddy und Walter nicht zu gefallen. Nachdem sie ihr Geschäft verrichtet hatten, folgten sie Max und Laura ohne Protest nach Hause. Als sie auf den Hof zurückkehrten, stand der Traktor wieder in der Maschinenhalle.

„Papa ist zurück!“, stellte Max fest.

Laura nickte erleichtert. Im Haus duftete es köstlich nach Bratkartoffeln und Spiegeleiern. Sie brannte schon darauf, mehr über den Unfall an der Landstraße zu erfahren!

„Der Lastwagen gehörte zu der Pferdetruppe, die für die Weihnachtsaufführung in die Stadt kommt“, erzählte Herr Foster beim Essen.

„Oh nein!“, sagte Laura. „Sind Pferde verletzt worden?“

„Zum Glück nicht“, beruhigte ihr Vater sie. „Der Lkw hatte nur Ausrüstung geladen und der Fahrer ist mit dem Schrecken davongekommen.“

Laura atmete auf.

„Jetzt ist die Unfallstelle wieder frei“, sagte Herr Foster. „Nur die Ladung des Lasters ist stark beschädigt.“

Sophie klopfte laut mit dem Löffel auf den Tisch.

„Ich glaube, das war das Zeichen fürs Schlafengehen.“

Frau Foster lachte und stand auf.

Während Laura mit Max den Tisch abräumte, dachte sie an Sternenschweif. Es würde wohl leider noch eine Weile dauern, bis auch der Rest der Familie schlafen ging!

Als Laura nachts zum Stall schlich, hatte sich der Nebel aufgelöst. Jetzt wölbte sich ein wolkenloser Sternenhimmel über der glitzernden Landschaft.

Sternenschweif hatte schon auf sie gewartet. Leise folgte er Laura über die Weide. Hinter einigen Bäumen blieben sie stehen. Hier waren sie vom Haus aus nicht zu sehen und Laura konnte den Verwandlungsspruch aufsagen:

„Silberstern, Silberstern,
hoch am Himmel, bist so fern.
Funkelst hell und voller Macht,
brichst den Bann noch heute Nacht.
Lass dies Pony grau und klein
endlich doch ein Einhorn sein.“

Rund um Sternenschweif funkelte eine violette Wolke. Laura wandte sich geblendet ab. Als sie wieder hinsah, stand Sternenschweif als wunderschönes Einhorn vor ihr. Seine Mähne schimmerte weiß wie Schnee und das silberne Horn auf seiner Stirn funkelte im Mondschein.

Süße Weihnachtsbäume

Du brauchst:

- Eiswaffeln
- großen Teller
- kleine Schüssel
- 100g Puderzucker
- Wasser, grüne Lebensmittelfarbe
- Gabel, Backpinsel
- Krokant oder bunte Schokolinsen

1. Stelle die Waffeln auf einen Teller.
2. Rühre aus Puderzucker und Wasser einen Zuckerguss an. Färbe ihn mit grüner Lebensmittelfarbe.
3. Bestreiche die Waffeln mit dem Guss.
4. Drücke rundum Schokolinsen oder etwas Krokant an deine Tannenbäume. Jetzt nur noch trocknen lassen!

4

„Oh, Sternenschweif!“ Laura schlang die Arme um seinen Hals. Seine Verwandlung war für sie jedes Mal wieder wie ein Wunder.
Kurz darauf flogen die beiden in den Himmel hinauf. Sternenschweifs Mähne flatterte vor Laura im Wind. Unter ihnen lag die frostige Winterlandschaft. Aber Laura fror kein bisschen. Dafür sorgte Sternenschweifs Magie.
An der Landstraße konnten sie die Unfallstelle schon von Weitem sehen. Die Erde war von den Reifen der Fahrzeuge tief aufgewühlt. Am Abhang neben der Straße zeigten umgeknickte Büsche, wo der Lastwagen umgekippt war.
Sternenschweif landete und spitzte die Ohren. „Ich glaube, da scharrt jemand in der Erde.“
Laura lauschte. „Stimmt, lass uns nachsehen!“ Sie glitt vom Rücken ihres Einhorns.
Vorsichtig kletterten sie den rutschigen Abhang hinunter. Bald entdeckten sie, woher das Scharren kam: Ein Fuchs grub mit den Pfoten in der Erde!

Mit einem leisen Schnauben machte sich Sternenschweif bemerkbar. Der Fuchs blickte erschrocken auf. Sternenschweif wieherte beruhigend. Laura wusste, dass er jetzt mit dem Fuchs sprach. Leider konnte sie nicht verstehen, was die beiden sagten. Aber sicher würde Sternenschweif ihr gleich davon erzählen!
Bald wandte Sternenschweif sich an Laura. „Die Partnerin des Fuchses ist seit dem Unfall verschwunden.“ Er schnaubte besorgt. „Der Fuchs glaubt, dass sie in ihrem Bau verschüttet ist. Aber er schafft es nicht, das Eingangsloch freizulegen.“
„Oje!“ Laura schluckte. Hoffentlich ging es dem Fuchsweibchen gut! Kurz entschlossen kniete sie sich hin und schob mit den Händen Eis und Erde zur Seite. Bald waren ihre Hände starr vor Kälte, aber Laura biss die Zähne zusammen und grub weiter.
Plötzlich nahm sie eine Bewegung wahr. Die Erde wurde nach oben gedrückt! Mit klammen Fingern richtete Laura sich auf. Und wirklich: Genau dort, wo sie gegraben hatte, schob sich die Nase der Füchsin aus der Erde!

Atemlos lehnte Laura sich an Sternenschweif. Gemeinsam beobachteten sie, wie das Fuchsweibchen mühsam aus dem Erdloch kletterte. Es war völlig durchnässt und zitterte am ganzen Leib.
Die beiden Füchse beschnupperten sich ausgiebig. Dann begann das Männchen die Füchsin abzulecken. Sie atmete schwer und rührte sich nicht vom Fleck. Lauras Herz zog sich zusammen. Bestimmt hatte das Tier stundenlang versucht, freizukommen. Es wirkte völlig erschöpft.
Sternenschweif ging auf die Füchse zu und sprach mit ihnen. Laura sah, wie er das Weibchen mit seinem Horn berührte. Damit konnte er Kraft und Heilung spenden.
Erleichtert bemerkte Laura, wie sich der Atem der Füchsin beruhigte. Der ängstliche Ausdruck wich aus ihren Augen. Vertrauensvoll blickte sie zu Sternenschweif auf.
Er wirkte zufrieden, als er zu Laura zurückkehrte. „Die Füchse danken uns sehr“, berichtete er. „Das Weibchen

ist zwar erschöpft, aber zum Glück nicht verletzt. Es wird sich bald erholt haben." Er stupste Lauras Hände an. „Wie geht's deinen Fingern? Soll ich sie mit Magie aufwärmen?"

„Nein danke!" Laura umarmte ihn. „Es geht schon wieder."

„Dann ist es ja gut." Sternenschweif pustete sanft über ihre Haare. „Es ist toll, dass du immer so hilfsbereit bist."

„Du doch auch!" Laura kuschelte sich an ihn. Sie war so froh, dass sie den beiden Füchsen hatten helfen können!

Die Füchse rieben liebevoll die Hälse aneinander. Sie warfen Laura und Sternenschweif noch einen dankbaren Blick zu. Dann verschwanden sie in der Dunkelheit.

Papierfuchs

Du brauchst:

- 15 × 15 cm großes Tonpapier (rot, orange oder braun)

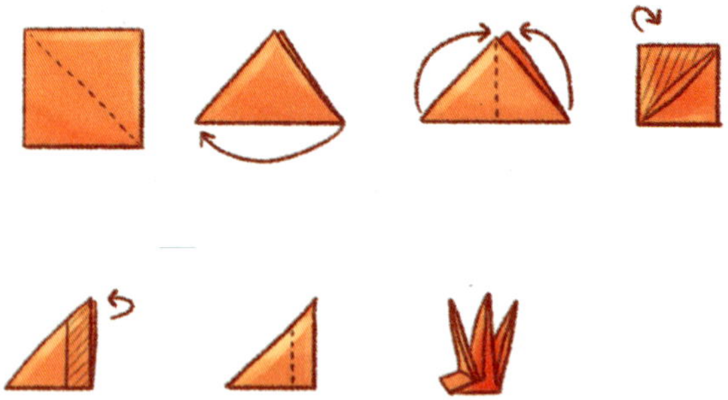

1. Falte das Papier zum Dreieck, knicke das Dreieck in der Mitte und öffne es wieder.
2. Lege beide Ecken auf die Spitze des Dreiecks, sodass ein Quadrat entsteht.
3. Nun faltest du die linke Hälfte nach hinten. Knicke alle Papierschichten an der rechten Seite etwa 2 cm nach links und biege den Rand wieder nach rechts.
4. Von den drei nach oben ragenden Spitzen faltest du die mittlere nach unten. Zuletzt knickst du die Schwanzspitze. Fertig!

5

Am nächsten Tag zeigte sich der Winter von seiner schönsten Seite. Die weiß gepuderten Wiesen und Felder glitzerten unter einem strahlend blauen Himmel. Laura legte gerade den Sattel auf Sternenschweifs Rücken, als ihre Freundinnen Jess und Mel auf den Hof ritten. Jess saß auf ihrer Palominostute Sandy und Mel auf dem Apfelschimmel Silver. Heute war Sonntag und sie hatten sich zum Reiten verabredet.
„Hallihallo!“ Laura winkte ihnen fröhlich zu. „Ich bin gleich fertig, dann kann es losgehen!“
Doch von ihren Freundinnen kam nur ein trübes „Hallo“ zurück. Laura sah sie erstaunt an. Mel nestelte an Silvers Mähne herum und Jess starrte vor sich hin.
„Was ist denn los?“, fragte Laura und schwang sich in den Sattel. „Ihr seht total frustriert aus.“
„Ach, es ist blöd“, sagte Mel, während sie vom Hof ritten. „Jess hat vorhin im Radio gehört, dass die Pferde-Vorführung in der Stadthalle abgesagt wurde.“
„Wie bitte?“ Laura schnappte nach Luft. „Warum denn das?“

„Gestern ist der Lastwagen mit der Lichtanlage umgekippt“, berichtete Jess. „Die ganze Ausstattung ist kaputt und deshalb wird die Vorführung abgeblasen.“

„Oh nein!“ Laura schluckte. Sie hatte sich so auf die Vorführung gefreut! Und ihre Freundinnen und Geschwister auch – und jede Menge andere Kinder!

Sternenschweif drehte den Kopf nach hinten und stupste Lauras Fußspitze an. Bestimmt wollte er sie trösten. Dankbar streichelte Laura seinen Hals.

„Ich verstehe das nicht“, sagte sie. „Es kommt doch viel mehr auf die Pferde an als auf die Technik.“

„Ich finde es auch total bescheuert.“ Jess seufzte. „Aber ich fürchte, wir können es nicht ändern.“

Jetzt bogen sie in einen Feldweg ein. An den Büschen und Bäumen funkelten winzige Eiszapfen. Die Ponys schnaubten unternehmungslustig.

„Kommt, wir bringen uns auf andere Gedanken!“, rief Mel. „Los geht’s im Galopp!“

Das ließen sich die anderen nicht zweimal sagen!

Schon wirbelten die Ponyhufe durch den Schnee.

„Ach Menno!" Max verzog enttäuscht sein Gesicht, als Laura ihm beim Spaziergang mit den Hunden von den Neuigkeiten erzählte. Missmutig kickte er einen Eisklumpen vor sich her. Buddy sprang los, um den Brocken in der Luft zu fangen. Dabei zersprang das Eis in tausend winzige Kristalle. Verdutzt starrte der Hund sie an. Max und Laura mussten lachen.

Plötzlich hatte Laura eine Idee: So, wie Buddy sie zum Lachen gebracht hatte, konnten sie vielleicht auch anderen eine Freude machen! In Lauras Bauch kribbelte es. Für eine Aufführung mit Tieren brauchte man viel Platz. Und sie wusste schon, wen sie danach fragen konnte!

Nach dem Spaziergang ging Laura in ihr Zimmer und rief ihre Freundin Grace an, die mit ihrer Mutter auf einem Reiterhof wohnte.

„Hallo, Laura!", begrüßte Grace sie. Leise fuhr sie fort: „Du rufst wegen heute Nacht an, oder?"

Laura brauchte einen Augenblick, bis sie verstand.

Na klar, in der kommenden Nacht fand das alljährliche

Adventstreffen der Einhörner statt! Auch Nachtwind, das Pony von Grace, war ein Einhorn. Aber an das Einhorntreffen hatte Laura gerade überhaupt nicht gedacht.
„Ach so – nein, gar nicht!“, versicherte sie. „Aber gut, dass du es sagst – fliegen wir zusammen hin?“
Nachdem sie einen Treffpunkt vereinbart hatten, erzählte Laura vom Grund ihres Anrufs.
„Was, die Pferdeshow wird abgesagt?“ Auch Grace war enttäuscht. „Oh nein, wir wollten zusammen mit Mamas Reitschülern hingehen. Vor allem die Kleineren werden sehr traurig sein!“
Grace hörte genau zu, als Laura ihren Plan schilderte.
„Eine Weihnachtsfeier mit Aufführungen unserer Tiere?“, wiederholte sie. „Das ist eine super Idee! Ich rede gleich mit meiner Mama darüber!“
„Danke, Grace!“ Nachdem sie aufgelegt hatte, lief Laura sofort zu Sternenschweif. Sie musste ihm unbedingt von den neuen Plänen erzählen!

6

Am Abend dauerte es eine halbe Ewigkeit, bis Lauras Eltern endlich schliefen. Als im Haus Ruhe eingekehrt war, wartete Laura noch eine Weile. Dann zog sie sich leise an und schlich die Treppe hinunter. Fast lautlos schlüpfte sie in die Winterstiefel und zog ihre warme Jacke an.

Als sie die Haustür öffnete, nahm ihr die Kälte für einen Moment den Atem. Es war eine sternklare Winternacht. Über Sternenschweifs Stall funkelte der silbrige Halbmond und die Bäume auf der Weide waren mit Raureif überzogen.

Als Laura die Boxentür geöffnet hatte, stürmte Sternenschweif aus dem Stall. Laura sah ihm an, dass er am liebsten ein lautes Wiehern herausschmettern wollte. Aber er verkniff es sich. Aufgeregt tänzelte er neben Laura her, bis sie ihn endlich verwandelt hatte. Dann gab es aber kein Halten mehr! Sobald Laura auf seinem Rücken saß, schoss er in die Luft.

Am Waldrand schwebte ihnen Nachtwind mit Grace entgegen.

„Freut ihr euch auch so auf das Adventstreffen?“, fragte Grace mit leuchtenden Augen.
„Und wie!“, gab Laura zurück. „Sternenschweif hat es vor Ungeduld fast nicht mehr ausgehalten.“
„Dann nichts wie los!“, rief Grace. „Und übrigens: Mit der Weihnachtsfeier auf unserem Hof geht alles klar. Meine Mutter hat Ja gesagt.“
„Super!“, freute sich Laura.
Die Sternenleiter-Lichtung lag hoch oben in den Bergen. Eine magische Lichtkuppel wölbte sich über dem Treffpunkt der Einhörner. Lauras Herz schlug schneller, als sie auf der Lichtung landeten.
Dort wimmelte es nur so von Einhörnern und ihren Menschen. Laura sah viele Freunde, die sie schon lange nicht mehr getroffen hatte. Aufgeregt lief sie herum, um allen Hallo zu sagen. Auch die Einhörner begrüßten sich.
Nach und nach legte sich das Stimmengewirr. Alle Blicke richteten sich auf drei besonders prächtige Einhörner.

Laura holte tief Luft. Es war jedes Mal wieder beeindruckend, die Einhornältesten zu sehen. Ira, Sidra und Rohan herrschten über Arkadia, das Reich der Einhörner. Die Einhornfreunde und Einhörner auf der Erde bekamen sie nur selten zu Gesicht.
„Liebe Freunde!", erhob nun Rohan seine Stimme. „Wir freuen uns sehr, dass ihr so zahlreich erschienen seid. Heute erhält jeder Einhornfreund einen magischen Gegenstand. Damit könnt ihr anderen Menschen Mut machen und in der Weihnachtszeit Freude verbreiten."
Laura sah sich um. Alle blickten gespannt auf die Ältesten.
„Wir werden euch nun einzeln aufrufen", fuhr Rohan fort. „Wer an der Reihe ist, fliegt zu dieser großen Tanne hier." Mit federnden Schritten ging er zu einem hoch aufragenden Baum. „Jedes Einhorn muss zu einem Astloch fliegen, damit sein Einhornfreund den Gegenstand herausholen kann."
Jetzt trat Sidra vor. Mit glockenheller Stimme rief sie: „Mystery und Julia!"

Zögernd trat das Einhorn Mystery mit seiner Freundin Julia nach vorn. Sidra nickte den beiden aufmunternd zu und richtete ihr Horn auf die Tanne. Ein Raunen ging durch die Menge, als nun ein Loch im Stamm golden aufleuchtete.

Mystery schwebte zu dem Loch empor. Laura sah, dass Julia in die Baumhöhle griff und etwas herauszog. Dann ließ Mystery sich wieder herabsinken und landete in ihrer Nähe.

Ein Einhorn nach dem anderen flog an der Tanne empor. Als Laura und Sternenschweif an der Reihe waren, schwebten auch sie zu der leuchtenden Öffnung im Stamm. Laura zog einen kleinen Gegenstand heraus und Sternenschweif landete wieder.

Laura rutschte von seinem Rücken, um die Überraschung gemeinsam mit ihm zu betrachten. Als sie die Hand öffnete, verschlug es ihr fast den Atem. Es war ein sternförmiger Stein. Seine Oberfläche schimmerte glatt wie ein Spiegel. Eine prickelnde Kraft ging von ihm aus. Mit leuchtenden Augen sah Laura ihr Einhorn an.

Bald hatten alle ihre Überraschungen erhalten. Grace zeigte Laura und Sternenschweif ihren Gegenstand. Auch sie hatte einen steinernen Stern erhalten. Er war aber rundlicher als Lauras Stein und schimmerte orange. Auch die anderen Einhornfreunde hielten ähnliche Steine in den Händen.
Nun erhob Ira die Stimme. „Jeder von euch hat einen magischen Mutmach-Stein erhalten“, erklärte sie. „Bitte bringt die Steine zu unserem Treffen an Weihnachten wieder mit. Dann gibt es für euch alle noch eine wunderbare Überraschung!“

Jetzt war es auf der Lichtung mit dem feierlichen Schweigen vorbei. Plötzlich redeten alle auf einmal los. Mit glänzenden Augen verglichen die Einhornfreunde ihre Steine und überlegten, welche Magie wohl in ihnen steckte. Es dauerte lange, bis sie sich endlich auf den Heimweg machten.
Als Sternenschweif später wieder auf seiner Weide landete, waren am Himmel schon die ersten Streifen der

Morgenröte zu sehen. Laura sagte schnell den Rückverwandlungs-Spruch auf und drückte ihrem Pony einen Kuss auf die Nüstern. Dann rannte sie zum Haus hinüber.

Erst als sie vor der Haustür drei gefüllte Stiefel sah, fiel ihr ein, dass heute Nikolaustag war. Daran hatte Laura überhaupt nicht mehr gedacht! Vorsichtig schlich sie den Flur entlang.

„Laura? Was machst du denn hier?“ Ihre Mutter streckte den Kopf aus der Küchentür.

Laura fuhr erschrocken zusammen. „Ich … äh, ich war gerade schon bei Sternenschweif“, sagte sie.

Ihre Mutter runzelte die Stirn, ging aber nicht weiter darauf ein. „Wenn du willst, kannst du gleich Max und Sophie wecken“, schlug sie vor.

Kurz darauf holten Laura und ihre Geschwister die Nikolausstiefel ins Haus. Sie waren prall gefüllt mit Äpfeln, Nüssen und Schokolade. Außerdem fand Laura in ihrem Stiefel tolle Mähnenringe für Sternenschweif. Sie freute sich riesig darüber.

Glitzernde Mutmach-Steine

Du brauchst:

- Natursteine
- Nagellack
- Unterlage, z.B. Zeitungspapier
- Glitzerpulver (Bastelgeschäft)
- wasserfesten Stift

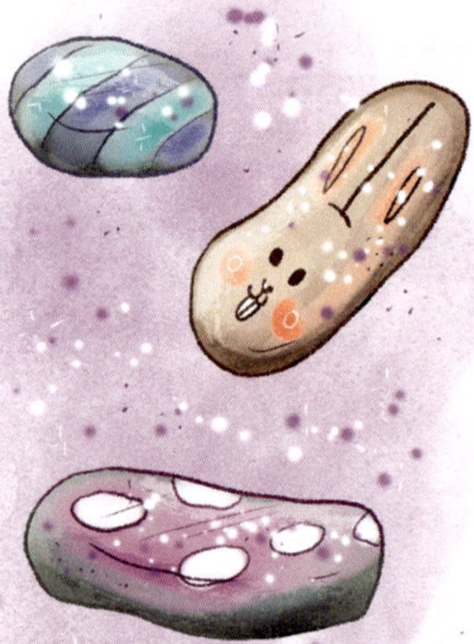

1. Bemale die Oberseite und die Ränder eines Steins nach deinem Geschmack mit Nagellack.
2. Bestreue die lackierte Seite mit Glitzerpulver und lass sie trocknen. Verziere dann die andere Seite.
3. Zuletzt kannst du ein Gesicht aufmalen oder einen Namen auf den Stein schreiben. Fertig ist ein wunderbarer Mutmach-Stein für einen lieben Menschen!

7

„Au ja, wir machen unsere eigene Pony-Show!“ Mel und Jess waren hellauf begeistert, als Laura ihnen in der Schule von der geplanten Weihnachtsfeier erzählte.
„Es sollen aber nicht nur Ponys auftreten“, stellte Laura klar. „Max möchte auch etwas mit Buddy einüben. Vielleicht machen auch Steven und Leo mit.“
„Ja, ja – völlig in Ordnung.“ Jess nickte. „Es ist sowieso besser, wenn die Jungs auch etwas beisteuern. In der kurzen Zeit können wir ja höchstens ein oder zwei Nummern einüben.“
„Am besten treffen wir uns gleich heute Nachmittag mit Grace“, schlug Laura vor. „Dann können wir uns gemeinsam ein paar Übungen überlegen.“
Nach der Schule holte Laura den Stein aus ihrer Kommode. Hier bewahrte sie all ihre magischen Gegenstände auf. Während sie den Stein betrachtete, dachte sie an die zurückliegende Nacht. Zum Glück sorgte Sternenschweifs Magie dafür, dass sie nach ihren Abenteuern nie müde war. Aber was hatte es mit dem Stein auf sich? Ira hatte ihn ja als Mutmach-Stein

bezeichnet. War er vielleicht eine Art Glücksbringer? Oder ein Schutzstein? Nachdenklich blickte Laura auf die glänzende Oberfläche.

Nanu, auf einmal trübte sich der Stein, als wäre er beschlagen! Sekunden später wurde er wieder klar und glänzend. Laura schnappte nach Luft. Auf dem Stein zeichnete sich ein Bild ab – nein, sogar eine Abfolge vieler Bilder!

Wie in einem Spiegel sah Laura sich selbst in dem Stein – aber nicht jetzt in diesem Moment, sondern in der Vergangenheit. Mit klopfendem Herzen beobachtete sie das magische Schauspiel.

Der Stein zeigte Laura, wie sie liebevoll einem Tierkind half. Gleich darauf erschien Laura, als sie Sophie tröstete. Und dann, wie sie sich mutig vor ihren Bruder stellte, als er Angst hatte. So ging es weiter. Der magische Stein erinnerte Laura an viele verschiedene Situationen, in denen sie mutig und stark gewesen war. Was für ein wunderbarer Zauberstein! Er war wie ein magischer Spiegel, der dem Betrachter seine Stärken zeigte.

Kurz darauf kam Max nach Hause. Er hatte heute länger Schule gehabt.

„Leo und Steven wollen auf jeden Fall bei der Aufführung mitmachen!“, rief er strahlend.

„Können wir heute Nachmittag schon mit den Proben beginnen?“

„Na klar“, erwiderte Laura. „Ich treffe mich gleich mit Mel und Jess. Wir reiten zusammen nach Apfelhain. Bestimmt können Mama oder Paps euch mit dem Auto hinbringen.“

„Nur Buddy, Leo und mich“, stellte Max klar. „Steven kann heute nicht.“

Die Brüder Leo und Steven waren seine besten Freunde.

„Wisst ihr denn schon, was ihr einüben möchtet?“, fragte Frau Foster, die alles mit angehört hatte.

„Schaut doch mal auf den Dachboden, da stehen zwei Kisten mit Krimskrams. Ich habe die Sachen früher mal für eine Theatervorführung gebraucht. Vielleicht bringen sie euch auf gute Ideen.“

Nach dem Mittagessen stöberten Laura und Max auf dem Dachboden herum. Die Kisten waren eine wahre Fundgrube! Max und Laura entdeckten Girlanden und Fähnchen zur Verzierung der Reithalle, bunte Wollknäuel, mehrere Weihnachtsmann-Mützen und einen großen Sack. Es machte riesig Spaß, in den Sachen herumzustöbern. Sie packten alles, was ihnen brauchbar erschien, in eine große Kiste. Zuletzt stapelte Max noch jede Menge leere Schuhkartons ineinander und trug sie ebenfalls nach unten.

„Was hast du denn damit vor?“, erkundigte sich Laura neugierig.

„Das werden Geschenke“, erklärte Max. „Wenn wir sie zubinden, kann Buddy sie mit dem Maul packen. Vielleicht sammelt er bei der Vorstellung Geschenke ein oder so.“

„Gute Idee!“, meinte Laura anerkennend. „Ich habe noch gar keine Ahnung, was wir mit den Ponys einüben. Aber da fällt uns bestimmt noch etwas ein.“

Was für ein Durcheinander!

Findest du alle zehn

Wollknäuel?

8

Als Laura, Mel und Jess mit ihren Ponys auf dem Reiterhof Apfelhain eintrafen, war von Grace nichts zu sehen.
„Bestimmt ist sie in der Reithalle“, meinte Mel und stellte sich auf die Zehenspitzen, um über das Hallentor zu schauen. Kichernd drehte sie sich um. „Ob ihr es glaubt oder nicht, da drinnen läuft ein Rentier herum!“
„Wie bitte? Ein Rentier?“ Laura und Jess hüpften hoch, um einen Blick über das Tor zu werfen.
Tatsächlich: Da drinnen drehte ein Tier mit Rentiergeweih seine Runden. Es war Nachtwind mit einem lustigen Kopfschmuck aus Filz!
„Hallo, ist das Geweih nicht toll?“ Grace öffnete grinsend das Tor. „Wir haben noch mehr davon, falls ihr eure Ponys auch verkleiden möchtet.“
„Lasst uns erst mal überlegen, was wir einüben“, schlug Mel vor.
Während die Ponys im Hallensand stöberten, setzten sich die Mädchen in eine Ecke und überlegten.

„Was haltet ihr von einer Freiheitsdressur wie im Zirkus?“, fragte Grace. „Dabei laufen die Ponys frei und lassen sich ohne Zügel vom Trainer lenken.“

Jess zog die Augenbrauen hoch. „Die Idee ist gut. Aber ich bezweifle, ob Sandy da mitmacht.“

„Sternenschweif bestimmt!“, warf Laura ein.

„Super – dann versuchen wir das gleich mal!“, sagte Grace fröhlich.

„Und als zweiten Teil könnten wir voltigieren“, schlug Mel vor. „Das habe ich früher mal gemacht. Wer von euch kann denn noch voltigieren?“

„Ich ein bisschen“, antwortete Laura zögernd. „Aber nicht besonders gut.“

„Wir können Teil zwei ja erst mal im Schritt einüben“, sagte Mel eifrig. „Und wenn es gut klappt, probieren wir es später auch im Galopp.“

„Einverstanden!“, meinte Jess. „Ich kann Sandy longieren, während Laura auf ihr turnt.“

„Dann longiere ich Silver mit Mel“, sagte Grace. „Also los! Zuerst die Freiheitsdressur!“

Während Mel und Jess ihre Ponys in eine Ecke führten, kraulte Laura Sternenschweifs Stirn. „Mach schön, was Grace möchte“, flüsterte sie ihm ins Ohr.
Das ließ er sich nicht zweimal sagen! Nachdem Sternenschweif und Nachtwind ein bisschen herumgetobt hatten, machten sie richtig gut mit. Bald ließen sie sich von Grace im Kreis dirigieren und sprangen über kleine Hindernisse.
Anschließend übten Mel und Laura, seitlich und rückwärts auf Silver und Sandy zu sitzen und sich hinzuknien. Ein-, zweimal versuchte Laura auch, freihändig zu knien, aber dabei kam sie schnell ins Rutschen.
„Gut, dass wir noch etwas Zeit zum Üben haben“, stöhnte Mel, als sie nach dem Training Silvers Rücken massierte. „Heute hätte es höchstens für eine Clown-Nummer gereicht.“
„Mensch, das ist die Idee!“, jubelte Max, der in diesem Augenblick mit Buddy in die Halle kam.
Alle sahen ihn erstaunt an.

Max wurde rot. „Das mit den Clowns, meine ich“, erklärte er eifrig. „Das passt super zu der Hundenummer, die wir uns ausgedacht haben. Oder, Leo – was meinst du?“

Die Jungen steckten die Köpfe zusammen. Leos Lachen verriet, dass er den Plan gut fand. Schon verteilten sie Schuhkartons überall in der Halle. Buddy verstand schnell, was seine Aufgabe war: Er sollte die Kartons an den Bändern packen und zu Max und Leo bringen.

„Die Proben sollen übrigens streng geheim bleiben“, erklärte Grace. „Die Tribüne ist zugesperrt, damit niemand zuschauen kann. Sonst wäre die Aufführung für die Reitschüler ja keine Überraschung mehr.“

Bevor Laura, Mel und Jess nach Hause ritten, sahen sie noch ein bisschen zu. Buddy raste mit flatternden Ohren durch die Halle, dass der Sand in alle Richtungen flog.

Laura grinste. Max’ Hund hatte jedenfalls Spaß an der Sache!

Wuscheliger Hund

Du brauchst:

- dicke Wolle
- Schere
- Filz für Ohren und Zunge
- Kulleraugen (Bastelbedarf)

Dieser Hund besteht aus sechs Bommeln.

1. Schneide für jeden Bommel ein Stück Wolle ab und lege es zur Seite. Wickle die Wolle vom Knäuel dick um vier Finger (für den Körper) oder um zwei Finger (für Kopf und Beine).
2. Schneide die Wolle ab, lege die Schlaufe auf den Wollfaden und knote in fest in der Mitte zu.
3. Schneide die Schlaufe auf beiden Seiten auf, sodass ein Bommel entsteht und binde sie zusammen.
4. Schneide aus Filz den Schwanz, die Ohren und die Zunge aus und klebe sie an deinen Hund. Zuletzt klebst du die Augen auf.

9

Als sie Sternenschweif nachts verwandelt hatte, erzählte Laura ihm als Erstes von der Magie des Mutmach-Steins. „Was für ein toller Zauber!“, sagte er. „So zeigt der Stein dem Betrachter seine eigenen Stärken.“

„Ja, genau!“ Laura zog den Stein aus der Jackentasche. „Ich hab mir überlegt, dass ich ihn jetzt immer mitnehme. Wir wissen ja nicht, wann und wo wir ihn brauchen.“ Sie sah Sternenschweif fragend an. „Sollen wir eine Runde fliegen oder brauchst du nach der letzten Nacht eine Pause?“

Er schüttelte den Kopf, dass seine Mähne hoch aufflog. „Wieso denn Pause? Ich bin topfit. Außerdem sollten wir in der Umgebung nach dem Rechten sehen. Heute Abend war schon wieder dichter Nebel und bestimmt sind die Straßen spiegelglatt.“

„Oje“, meinte Laura besorgt. „Also los!“

Kaum saß sie auf seinem Rücken, da galoppierte Sternenschweif in den Himmel hinauf. Zuerst sah die Landschaft unter ihnen weiß überzuckert aus. Doch am Fluss dehnte sich dichter Nebel aus.

„Psst!“, machte Sternenschweif plötzlich und lauschte. „Da rufen Tiere um Hilfe!“

Aufgeregt starrte Laura nach unten. Aber sie sah nichts als graue Nebelschwaden. Erst als Sternenschweif sich tiefer sinken ließ, bemerkte sie am Rand einer Straße eine Bewegung.

Sternenschweif schwebte zwischen den Baumkronen näher heran. Jetzt konnten sie zwei kleine Wildschweine erkennen, die am Straßenrand entlangrannten. Immer wieder versuchten sie, auf die Fahrbahn zu laufen. Doch auf dem glatten Boden rutschten ihnen sofort die Beine weg, sodass sie schnell wieder zurücksprangen.

Laura sah sich nach allen Seiten um. Außer den Wildschweinen war weit und breit niemand zu sehen. „Ich glaube, wir können landen“, sagte sie. „Aber wenn ein Auto kommt, müssen wir uns schnell verstecken.“

Sternenschweif landete hinter einem Gebüsch. „Schau mal“, sagte er. „Der Rest der Familie wartet auf der anderen Straßenseite.“

Jetzt erst entdeckte Laura auf der anderen Straßenseite die Wildschwein-Mutter mit zwei weiteren Jungen. Oje, Mama Wildschwein machte sich große Sorgen um ihre Kinder! Aufgebracht lief sie am Straßenrand hin und her.

Laura rutschte von Sternenschweifs Rücken. Sie blieb etwas zurück, als er nun auf die Frischlinge zuging. Die Kleinen tapsten ihm vertrauensvoll entgegen.

Da ertönte plötzlich ein schrilles Quieken. Erschrocken fuhr Laura zusammen. Die Mutter wollte ihre Kleinen warnen!

Sternenschweif wieherte ihr beruhigend zu. In der nebligen Luft bildete sich rund um sein Horn ein warmer Lichtschein.

Aber was hatte Sternenschweif jetzt vor? Er neigte den Kopf über die Fahrbahn. Dann setzte er vorsichtig einen Huf nach dem anderen auf die Straße.

Laura blieb vor Schreck fast das Herz stehen. Das war bei Glatteis doch viel zu gefährlich! Erst als Sternenschweif sich zu den Frischlingen umdrehte

und leise schnaubte, verstand Laura: Er hatte mit der Magie seines Horns das Eis aufgetaut!
Sternenschweifs Plan ging auf. Schritt für Schritt bahnte er sich den Weg über die Eisfläche. Die beiden Schweinchen folgten im Gänsemarsch. Ihre Mutter erwartete sie auf der anderen Straßenseite.
Und dann war es geschafft! Die Kleinen hatten die Straße überquert, die Wildschweine waren vereint!
Laura fröstelte. Vor Aufregung hatte sie gar nicht gemerkt, wie die feuchte Kälte unter ihre Kleidung gekrochen war. Als Sternenschweif wieder bei ihr war, schlang sie beide Arme um seinen Hals.
„Du zitterst ja!“ Sternenschweif legte den Kopf auf ihre Schulter und hauchte seinen warmen Atem über ihren Rücken.
Eine wohlige Welle strömte durch Laura. Einige Augenblicke lang tankte sie Wärme und Kraft. Dann drückte sie ihm einen Kuss auf die Nase. „Danke, Sternenschweif“, sagte sie glücklich.

Wer ist Basti?

Basti hat helle Streifen, eine braune Schnauze und helle Hufe. Sein Schwänzchen steht hoch.

10

„Heute bringe ich Max zur Probe“, erklärte Herr Foster am nächsten Tag beim Mittagessen.
„Das ist lieb von dir!“ Seine Frau lächelte ihn dankbar an. Sie schrieb Kinderbücher und musste ihr neuestes Werk bald fertig bekommen.
Nach dem Essen klingelte das Telefon. Laura hob ab.
„Hallo, hier ist Laura Foster?“
„Hallo, hier ist Leo“, drang eine Jungenstimme aus dem Hörer. „Kann ich mal bitte Max sprechen?“
„Klar!“ Laura drückte Max das Telefon in die Hand. Max schnappte sich das Gerät und lief damit in den Flur. Während Laura die Spülmaschine anschaltete, bekam sie ein paar Fetzen des Telefonats mit.
„Echt? Aber in der Schule ging es dir doch noch gut“, hörte sie Max sagen. Nach einer längeren Pause, in der Leo sprach, drängte Max: „Ach, komm schon! Diesmal passe ich auch besser auf!“
Laura wollte Max nicht belauschen und brachte stattdessen den Müll nach draußen. Als sie wieder hereinkam, hatte Max gerade aufgelegt.

„Alles klar?“, fragte Laura im Vorbeigehen.
Max seufzte. „Geht so. Leo kommt heute nicht zur Probe. Er hat Bauchweh“, sagte er.
„Und Steven?“, hakte Laura nach.
„Steven schon“, antwortete Max. „Aber ist natürlich blöd, weil ...“ Er unterbrach sich mitten im Satz und lief an ihr vorbei die Treppe hinauf.
Nachdenklich blickte Laura ihm nach.

Am Nachmittag trafen sich die Freundinnen wieder zum Ponytraining auf Apfelhain. Danach sahen Grace und Laura den Jungs und Buddy zu.
„Was ist denn mit Max los?“, fragte Grace leise.
Laura sah sie fragend an. „Wie meinst du das?“
„Na ja, er ist so ...“, Grace suchte nach den passenden Worten. „Er ist so übervorsichtig. Ständig sagt er zu Buddy, dass er nicht so wild sein soll.“
Laura nickte. „Stimmt, das ist mir vorhin auch schon aufgefallen. Ich glaube, beim letzten Training ist irgendetwas Blödes passiert.“

Sobald sie nachts ungestört mit Sternenschweif sprechen konnte, sprudelten die Worte nur so aus Laura heraus.

„Ich mache mir Sorgen um Max", erzählte sie ihrem Einhorn. „Er war den ganzen Abend total seltsam, ganz still und nachdenklich. Irgendetwas muss beim Hundetraining mit Leo vorgefallen sein. Max geht auch mit Buddy ganz anders um als sonst. Ständig bremst er ihn und …"

„Hol mal tief Luft, Laura!" Sternenschweifs Mähne strich beruhigend über ihr Gesicht. „Max kennt Buddy sehr gut und mit Leo ist er schon lang befreundet. Was auch immer geschehen ist – Max findet bestimmt eine Lösung für das Problem."

„Meinst du wirklich?" Laura lehnte sich an ihn. Seine Worte taten gut. Trotzdem hätte sie ihrem Bruder gern geholfen.

„Ja, das meine ich." Ihr Einhorn pustete sachte über ihren Nacken. „Jeder muss seine eigenen Erfahrungen machen. Nur so kann man daraus lernen. Und wenn

Max und Leo gar nicht klarkommen, können wir ihnen immer noch helfen."
Laura atmete tief durch. Über den Rücken ihres Einhorns hinweg sah sie die frostige Winterlandschaft und den unendlich weiten Himmel mit abertausenden wunderbar funkelnden Sternen. Dagegen kam ihr die Sorge um Max und Leo plötzlich gar nicht mehr so groß vor.
„Du hast recht", meinte sie und straffte die Schultern. Sie strich mit der Hand über Sternenschweifs seidiges Fell. „Ist auf dem Rücken dieses edlen Einhorns noch ein Platz frei?"
Augenzwinkernd schüttelte Sternenschweif den Kopf. „Leider nein", sagte er. „Mein Rücken ist schon für meine beste Freundin reserviert." Fröhlich stupste er sie mit der Nase an. „Na los, steig auf!"
Das ließ Laura sich nicht zweimal sagen! Kurz darauf sprangen sie hoch oben in der Luft über die glitzernden Baumwipfel. Das machte Spaß!

Spiegelstern

Du brauchst:

- runden Handspiegel
- 4–6 Wäscheklammern aus Holz
- goldene oder bunte Acrylfarbe
- Pinsel
- Unterlage, z.B. Zeitungspapier
- Alleskleber, Schnur

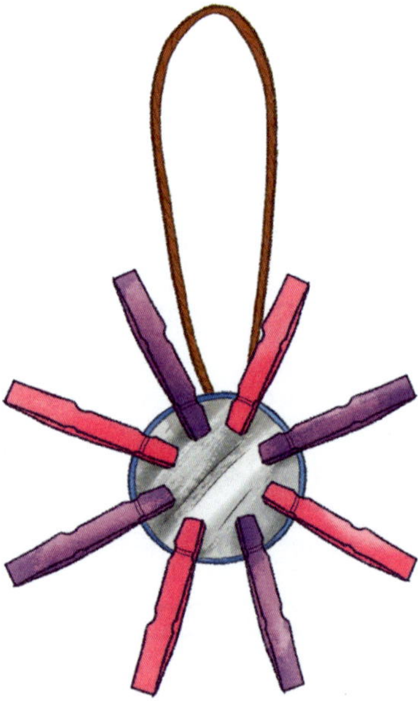

1. Entferne das Metall von den Wäscheklammern.
2. Bemale die Klammerhälften golden oder bunt.
3. Lass die Farbe trocknen und klebe die Klammern rundherum an den Spiegel.
4. Zuletzt klebst du ein Stück Schnur an der Rückseite des Spiegels fest. Nun kannst du ihn aufhängen.

11

„Los, Buddy! Bring uns die Geschenke!"

Auf dieses Kommando hatte der Hund nur gewartet.

Laut bellend raste er los.

Laura hielt die Luft an. Sie stand mit Sternenschweif in einer Ecke der Reithalle und schaute beim Hundetraining zu. Neben ihr hockte Leo auf einem Hindernisblock.

Oje! Buddy rannte so schnell, dass er bei dem Päckchen nicht bremsen konnte und stattdessen gegen die Hallenwand schlitterte. Aber das machte ihm nichts aus.

Er stürmte einfach noch einmal los. Diesmal packte er die Schnur mit den Zähnen und brachte das Paket zu Max. Dort legte Buddy es ab und wartete hechelnd auf ein Lob.

„Toll gemacht, Buddy!" Max streichelte ihn überschwänglich. Aber nur kurz, denn Buddy konnte es kaum erwarten, wieder loszurennen.

Laura kicherte. „Buddy ist super als Paketbote", sagte sie zu Leo. „Findest du nicht auch?"

Leo zuckte mit den Schultern. „Kann sein", murmelte er.

Während das Hundetraining weiterging, sah Laura immer wieder zu Leo hinüber. Auch heute hatte er es wieder mit Bauchschmerzen begründet, dass er nicht mitmachen konnte. Immerhin hatten Max und Steven ihn überredet, zum Zuschauen mitzukommen. Aber was war wirklich mit Leo los? Laura merkte, dass er jedes Mal zusammenzuckte, wenn Buddy schneller wurde.

Auch Sternenschweif sah immer wieder zu Leo. Ihm war es also auch aufgefallen!

Nach Buddy waren die Ponys an der Reihe. Heute konnten Grace und Laura nur an der Freiheitsdressur feilen. Jess und Mel waren mit ihren Ponys beim Hufschmied. Nachtwind und Sternenschweif machten ihre Sache sehr gut. Ohne Zügel galoppierten sie im Kreis um Grace herum. Als Sternenschweif zwischendurch stehen blieb und sich verbeugte, machte Nachtwind es ihm nach.

„Super!“ Laura klatschte begeistert in die Hände. „Das wird eine richtig tolle Nummer!“

Als Laura sich mit Sternenschweif auf den Heimweg machte, pfiff ein eisiger Wind über die Wiesen und Felder.

„Brrr, was für ein Wetter!“ Laura fröstelte und schlug den Jackenkragen hoch. „Komm, mein Süßer! Wir nehmen die Abkürzung durch den Steinbruch!“

Aber Sternenschweif blieb stehen und schüttelte den Kopf.

„Was ist denn?“ Laura drückte die Waden gegen seinen Bauch.

Erst als er auf ein dichtes Gebüsch zuging und mit dem Vorderhuf scharrte, verstand Laura.

Sternenschweif wollte zur geheimen Lichtung, die hier im Wald verborgen war!

„Ach so“, sagte sie und ließ die Zügel lang.

„Entschuldige, ich hab dich nicht gleich verstanden!“

Zielstrebig stapfte Sternenschweif durchs Dickicht.

Vor ihm teilte sich das Gestrüpp und gab den Weg frei auf die geheime Lichtung, die nur Einhörner und Einhornfreunde finden konnten. An diesem magischen Ort lag auch im Winter niemals Schnee. Im tiefgrünen Moos schimmerten violette Mondblumen. Hunderte kleine Glühwürmchen verbreiteten goldenes Licht.

Laura holte tief Luft. Sie hatte das Gefühl, mit jedem Atemzug den Zauber dieses märchenhaften Ortes in sich aufzunehmen.

Meist kamen sie nachts hierher, um in Ruhe miteinander zu reden. Aber auf der geheimen Lichtung konnte Laura Sternenschweif auch tagsüber verwandeln. Hier waren sie sicher vor neugierigen Blicken.

Laura rutschte von Sternenschweifs Rücken. Zärtlich streifte sie etwas Raureif ab, der beim Weg durch das Dickicht an seinen Ohren hängen geblieben war. Dann sagte sie den Verwandlungsspruch auf.

Papierengel

Du brauchst:

- weihnachtliches Geschenkpapier
- Schere, Lineal
- 2cm große Kugel aus Styropor
- Faden, Nadel
- Bastelkleber
- Metallic-Marker

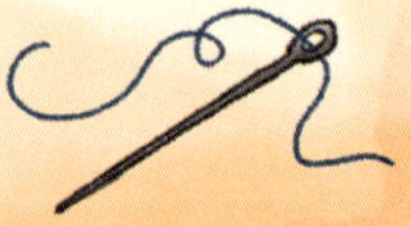

1. Falte zwei 12 × 12cm große Stücke Geschenkpapier wie eine Ziehharmonika. Für die Flügel knickst du das obere Drittel nach unten um.
2. Ziehe mit der Nadel ein Stück Faden durch die Kugel, sodass sich eine Schlaufe bildet.
3. Lege die losen Schnurenden zwischen die Körperhälften. Klebe die Hälften so zusammen, dass die Schnur dazwischen hält.
4. Zuletzt kannst du mit dem Marker ein Engelsgesicht auf die Kugel zaubern.

12

„Schön, mal wieder hier zu sein!“ Laura schmiegte sich an ihr Einhorn. „Wir waren ganz schön lang nicht mehr auf der Lichtung!“

Sternenschweif drehte eine Pirouette auf den Hinterbeinen. „Sieh dir doch nur diesen goldenen Schimmer an!“, rief er. „Und riechst du den köstlichen Duft der Mondblumen?“

Laura lachte. „Ja, ich sehe und rieche das alles. Aber erzähl schon – du wolltest doch bestimmt nicht nur zum Vergnügen hierher?“

Sternenschweif nickte. „Seit ich Leo heute gesehen habe, mache ich mir doch auch Sorgen“, gestand er. „Die Stimmung zwischen den Jungs ist wirklich seltsam. Und Leo bekommt richtig Angst, sobald Buddy etwas schneller oder wilder wird.“

„Ja, das habe ich auch gemerkt“, meinte Laura. „Er ist ein paarmal richtig zusammengezuckt.“

„Wir könnten in der Zauberquelle nachsehen, was passiert ist“, schlug Sternenschweif vor.

„Gute Idee!“ Lauras Herz klopfte schneller.

Im magischen Wasser der Zauberquelle konnten sie in die Vergangenheit blicken.
„Also los!“ Sternenschweifs Mähne wirbelte auf. Er ging auf einige zartgrüne Farnwedel zu und strich mit seinem Horn darüber.
Laura blieb dicht bei ihm.
„Zauberquelle!“, sagte er laut und deutlich.
Wie von Geisterhand rauschten die Farnwedel zur Seite. Dahinter sprudelte silbern funkelndes Wasser aus der Zauberquelle in ein Steinbecken.
In Lauras Bauch kribbelte es, als sie sich über das Wasser beugten.
„Zeig uns, was zwischen Max und Leo vorgefallen ist!“, bat Laura die Quelle.
Zuerst sah sie nur ihr eigenes Spiegelbild. Neben ihr blickte Sternenschweif ins Wasser.
Dann kräuselte sich die Wasserfläche und kleine Wellen breiteten sich aus. Als sich das Wasser wieder glättete, erschien ein klares Bild. Es zeigte Max und Leo mit Buddy in der Halle von Apfelhain.

Zuerst erschien nur Buddy auf der Oberfläche. Er flitzte durch die Reithalle, schnappte sich mit dem Maul ein Päckchen und rannte damit auf Leo zu. Oje! Vor Eifer lief Buddy viel zu schnell! Kurz vor Leo versuchte er noch zu bremsen. Doch im weichen Hallensand fanden seine Pfoten keinen Halt. Laura zuckte erschrocken zusammen, als er über den Boden schlitterte und Leo umriss.

Auweia! Während sich Buddy und Leo aufrappelten, sah Laura das Gesicht ihres Bruders. Max schüttelte sich vor Lachen!

Laura seufzte. Es hatte wirklich lustig ausgesehen, wie Leo und Buddy über den Boden kugelten! Aber mit dem Gelächter hatte Max seinen Freund bestimmt gekränkt. Sternenschweif schnaubte sorgenvoll. Laura legte eine Hand auf seinen Hals und schaute weiter auf die Zauberquelle. Im magischen Wasser sahen sie, wie Leo aufstand. Dabei warf er Buddy böse Blicke zu und sagte etwas. Bestimmt nichts Nettes, schoss es Laura durch den Kopf.

Buddy sprang auf und rieb seinen Kopf an Leos Bein, als wolle er sich entschuldigen. Aber Leo schob ihn einfach zur Seite, klopfte sich den Sand von der Hose und ging weg.
An dieser Stelle wurde das Bild unscharf. Einige Wellen glitten über die Oberfläche. Anschließend lag das magische Wasser glatt und glänzend da wie vorher.
Als Laura und Sternenschweif sich abwandten, rauschte hinter ihnen der Farn wie ein Vorhang wieder zusammen.
„Puh!“ Laura sah Sternenschweif fragend an. „Meinst du, Max und Leo brauchen unsere Hilfe?“
„Gute Frage.“ Sternenschweif überlegte einen Augenblick. „Vielleicht kannst du erst einmal mit Max reden?“
„Ich kann es versuchen“, versprach Laura. „Und jetzt schnell nach Hause, es ist schon fast dunkel!“
Sie strich ihrem Einhorn noch einmal über die seidige Mähne. Dann sagte sie den Spruch für die Rückverwandlung auf.

Pferde-Deko für dein Zimmer

Du brauchst:

- weiße Tapetenrolle
- Zollstock, Schere
- Bleistift
- Wasserfarben
- Wasser, Pinsel
- Reißzwecken

1. Schneide ein 2 m langes Stück Tapete ab. Rolle es auf dem Boden aus.
2. Zeichne mit Bleistift eine Boxentür mit Namensschild vor. Lass oben Platz für den Pferdekopf.
3. Male alles mit Wasserfarben aus und befestige die Boxentür mit Reißzwecken an der Zimmertür.

13

Als Laura ins Haus kam, hörte sie ihre Mutter in der Küche fröhlich vor sich hinsummen.

„Hallo, Mama!", rief Laura. „Bist du mit deinem Buch fertig geworden?"

Ihre Mutter nickte strahlend. „Ja, ich habe es vorhin an den Verlag geschickt."

Beim Abendessen erzählte Frau Foster, dass heute Abend ein lustiger Weihnachtsfilm im Fernsehen kam. „Habt ihr Lust, ihn anzusehen?"

„Au ja!" Alle waren begeistert. Es kam nicht oft vor, dass die ganze Familie zusammen fernsah.

Nur Laura hatte gemischte Gefühle. Wenn sie einen Film anschauten, dauerte es lang, bis alle schliefen. Laura tröstete sich damit, dass sie Sternenschweif ja vorhin schon verwandelt hatte. Er würde es ihr sicher nicht übel nehmen, wenn sie nachts etwas später kam.

Nach dem Abendessen machten sie es sich im Wohnzimmer gemütlich. Max verteilte kleine Schüsseln mit Chips und Popcorn, sodass jeder etwas zu knabbern hatte.

Sophie kuschelte sich zwischen ihre Eltern und war schon bald eingeschlafen.
Der Film war wirklich lustig. Er handelte von einigen Freunden, die sich in der Weihnachtszeit für einen Tag Superkräfte wünschen durften. Einer davon wünschte sich aus Versehen nur ein Lebkuchenherz. Ein anderer war durch seinen Wunsch plötzlich bärenstark und richtete viel Chaos an. Und der dritte, der auf einmal fliegen konnte, landete damit erst einmal auf der Nase. Schließlich ging aber alles gut aus. Am Ende waren sich die Freunde einig, dass es gut war, nicht immer über Superkräfte zu verfügen.
„Der Film war echt cool!“ Max stand auf und gähnte. „Jetzt bin ich aber müde.“
Buddy, der neben ihm gelegen hatte, sprang auf. Winselnd kratzte er mit der Pfote an der Tür.
„Ich glaube, Buddy muss noch mal raus“, stellte Laura fest. Als sie Max’ lustloses Gesicht sah, sagte sie: „Vielleicht muss Walter auch noch Pipi machen. Komm, wir gehen zusammen.“

Draußen tanzten dicke, weiche Schneeflocken durch die Luft. Laut bellend versuchte Buddy, sie zu fangen.
„Psst, Buddy!“, mahnte Max. „Es ist doch mitten in der Nacht!“
Während die Hunde über den Hof liefen, holte Laura tief Luft. „Was würdest du dir denn wünschen, wenn du einen Wunsch frei hättest?“, wollte sie von ihrem Bruder wissen.
Max überlegte. „Ich glaube, ich würde die Zeit zurückdrehen“, sagte er.
„Echt?“ Laura pustete sich eine Schneeflocke aus dem Gesicht. „Wieso? Was würdest du denn gern anders machen?“
„Ach, ist ja auch egal“, murmelte Max ausweichend. Aber dann gab er sich doch einen Ruck und sagte: „Weißt du, beim Hundetraining ist etwas Blödes passiert. Buddy hat aus Versehen Leo umgerannt.“
Er seufzte. „Das sah echt total lustig aus und ich musste lachen. Aber jetzt denkt Leo, dass ich ihn ausgelacht habe! Wenn ich die Zeit zurückdrehen könnte, würde ich

diesmal ernst bleiben. Oder noch besser aufpassen, dass Buddy ihn nicht umwirft."

Als er seinen Namen hörte, kam der Berner Sennenhund zu Max. „Du hast es nicht böse gemeint, stimmt's?", sagte Max und streichelte ihn.

„Du aber auch nicht", warf Laura ein. „Hast du dich für das Lachen entschuldigt?"

„Ja, klar." Max nickte. „Aber Leo war voll unfreundlich und hat schlecht über Buddy geredet. Da hatte ich auch keine Lust mehr, ihm nachzulaufen."

„Das verstehe ich gut", meinte Laura mitfühlend.

In diesem Augenblick flog die Haustür auf. „Kommt ihr bitte wieder rein?", rief Frau Foster.

„Schade, dass es so schneit", sagte sie, als sie die Tür hinter ihnen schloss. „Heute Nacht soll es ganz viele Sternschnuppen geben. Aber bei solchem Schneetreiben kann man die natürlich nicht sehen."

Vielleicht ja doch?, dachte Laura still bei sich. Man muss nur hoch genug fliegen!

Wunschzeit!

Mitte Dezember sind immer besonders viele Sternschnuppen zu sehen. Jetzt ist ein guter Zeitpunkt, deine Wünsche und Träume aufzuschreiben!

1. Alltagswünsche: Möchtest du vielleicht weniger streiten oder mehr Ordnung halten? Diese Wünsche kannst du selbst erreichen. Schreibe sie auf!
2. Große Wünsche: Für sie brauchst du Unterstützung, z. B. von deinen Eltern oder Großeltern. Vielleicht wünschst du dir einen Hund oder Reitstunden? Schreibe es auf!
3. Wunschträume: Bei diesen Wünschen muss das Schicksal mitspielen. Du kannst dir z. B. Gesundheit für einen kranken Menschen wünschen oder dass du bei einer Klassenaufführung die Hauptrolle spielen darfst.

Und im nächsten Dezember liest du nach, was dir vor einem Jahr wichtig war. Wahrscheinlich ist manches wahr geworden und anderes unwichtig. Die wichtigsten Wünsche sind diejenigen, die über Jahre gleich bleiben!

14

Deine Schokoladenseite

Male dich in den Spiegel, wie du dich magst!

15

Kleine Geheimkommode

Du brauchst:

- leere Streichholzschachteln
- Acrylfarben, Pinsel
- Nadel, Schere
- Draht, Perlen
- Alleskleber
- Unterlage, z.B. Zeitungspapier

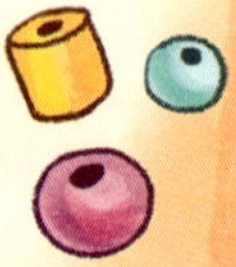

1. Nimm die Innenteile aus den Streichholzschachteln und male sie und die Schachtelhüllen außen bunt an.
2. Wenn die Farben getrocknet sind, stichst du bei jedem Innenteil mit der Nadel ein Loch in eine kurze Seite.
3. Schiebe von innen nach außen ein Stück Draht durch jedes Loch. Fädle eine Perle darauf, schiebe den Draht wieder zurück durch das Loch und verdrehe die Enden.
4. Klebe die Schachtelhüllen zu einer Kommode zusammen. Fertig ist die kleine Geheimkommode.

16

Badesalz mit Honig

Du brauchst:

- ✷ 150g grobes Meersalz
- ✷ 1EL Natron
- ✷ kleine Schüssel, Tasse
- ✷ 40g Honig
- ✷ 1EL Kokosöl
- ✷ Mikrowellengerät
- ✷ leeres Konservenglas mit Deckel

1. Vermische Salz und Natron in einer kleinen Schüssel.
2. Gib Honig und Kokosöl in eine Tasse. Erwärme die Mischung 30 Sekunden lang bei 500 Watt in der Mikrowelle.
3. Verrühre alle Zutaten in der Schüssel, fülle sie in das Konservenglas und schraube es zu. Für ein Vollbad brauchst du etwa zwei Esslöffel von dem Badezusatz.

17

Zauberhafter Schmuckhalter

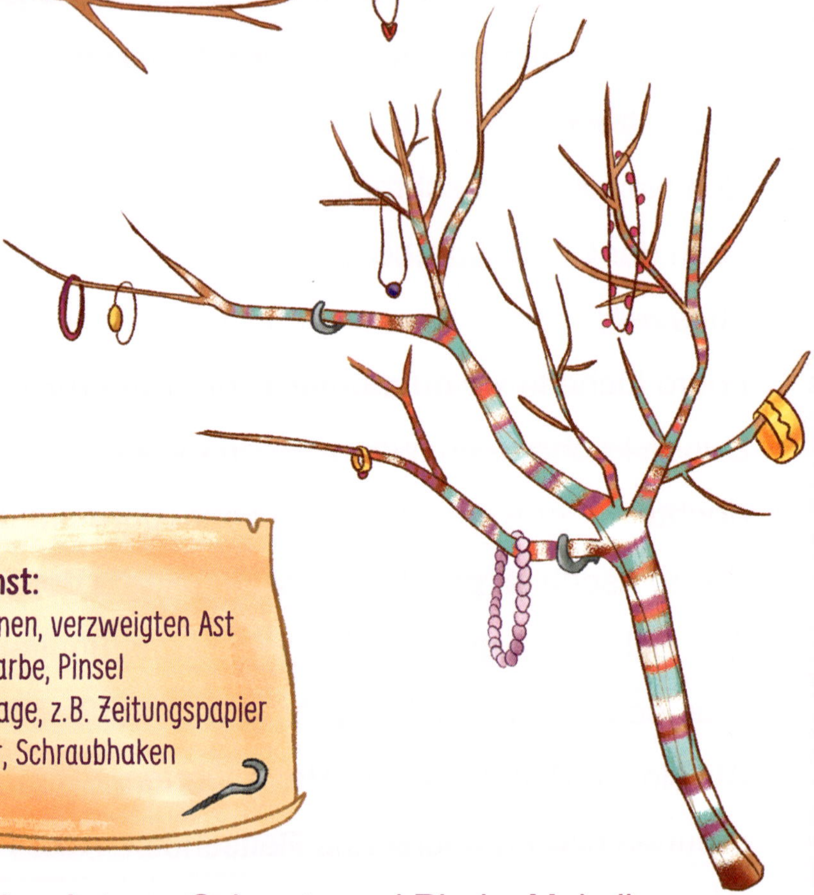

Du brauchst:
- ✷ trockenen, verzweigten Ast
- ✷ Acrylfarbe, Pinsel
- ✷ Unterlage, z.B. Zeitungspapier
- ✷ Schnur, Schraubhaken

1. Befreie den Ast von Schmutz und Rinde. Male ihn an und lass die Farbe trocknen.
2. Befestige den Schmuckhalter mit einem Schraubhaken an der Wand und hänge deine Ringe und Ketten daran.

18

Einhorn-Fingerpuppe

Du brauchst:

- ✷ weißen Karton
- ✷ Bleistift
- ✷ Schere
- ✷ schwarzen Filzstift
- ✷ Stanzer (Lochgröße 2,5 cm)
- ✷ bunte Wolle
- ✷ Stopfnadel

1. Zeichne das Einhorn mit Bleistift vor. Es soll etwa 20 cm breit und bis zur Hornspitze 20 cm hoch sein.
2. Schneide es aus und male ein Gesicht.
3. Stanze vier Löcher für die Finger hinein.
4. Für Mähne und Schweif ziehst du mit der Stopfnadel bunte Wollfäden durch die Pappe.

19

Weihnachtliche Eierwärmer

Du brauchst:
- roten und weißen Filz
- Lineal, Schere
- Alleskleber

1. Schneide für jeden Eierwärmer einen 10 cm breiten und 5 cm hohen Filzstreifen zurecht.
2. Forme daraus einen spitzen Hut. Klebe ihn zusammen und schneide ihn unten gerade ab.
3. Klebe einen schmalen weißen Filzstreifen rundherum an den unteren Hutrand.
4. Forme aus dem weißen Filz eine kleine Kugel und klebe sie oben auf den Hut.

20

Helfen macht Spaß!

Auch ohne Magie kannst du anderen Menschen helfen.

Du könntest zum Beispiel:

- mit dem Hund der Nachbarn Gassi gehen
- Eltern mit Kinderwagen die Tür aufhalten
- bei deinen Großeltern die Blumen gießen
- Sachen aufheben, die jemandem heruntergefallen sind
- älteren Menschen die Taschen in den Bus tragen
- ______________________________
- ______________________________
- ______________________________

Ups, deine Mitmenschen lächeln ja plötzlich! Hast du etwa doch gezaubert?

21

Welcher Umriss gehört zu Buddy?

22

Weihnachtsponys

23

Nebelbild

Du brauchst:

* weißes Papier
* Wachsmalstifte
* Wasserfarbe
* Pinsel, Wasser
* Unterlage, z.B. Zeitungspapier

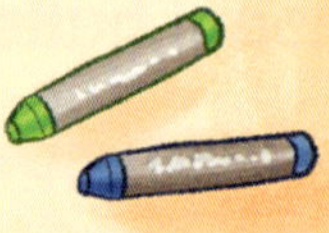

1. Male mit Wachsmalstiften eine Wiese, Bäume und Tiere auf ein Blatt Papier. Drücke dabei fest auf.
2. Bepinsele das Bild mit viel Wasser und wenig schwarzer Wasserfarbe, sodass es im Nebel versinkt.

24